Blumen und Bäume im Jahreslauf

Fotos und Gedichte
von
Walter Glöckner

Schneeglöckchen

Das erste Schneeglöckchen

Gott sei Dank, es ist so weit:
Zu Ende geht die Winterzeit.
Die Sonne hat es nun geschafft,
von Tag zu Tag wächst ihre Kraft.
Sie wärmt mit mildem Strahl die Erde,
auf dass es wieder Frühling werde.
Es schmilzt der Schnee auf allen Fluren,
bald schwinden Winters letzte Spuren.
Sieh, dort in meinem Gartenbeet
ein erstes, zartes Blümchen steht.
Mit seinen Blütenglöckchen fein
läutet es den Frühling ein.

Märzbecher

Märzbecher

Nach einer milden Märzennacht
bist du ganz plötzlich aufgewacht
und hältst nach langer Winterzeit
dein Blütenbecherchen bereit,
um Käfer, Schmetterling und Bienen
mit süßem Nektar zu bedienen.

Krokus

Erste Frühlingsboten

Kalte Erde! – Sie schien tot zu sein,
doch weckte milder Sonnenschein
in Frühlingspflanzen neues Leben.
Schau, wie sie nach dem Lichte streben!
Schneeglöckchen, Krokus, Anemone
entfalten ihre Blütenkrone,
machen vergessen im farbigen Kleid
die – ach so raue – Winterzeit.

Wohlriechendes Veilchen

Das Wohlriechende Veilchen

Ein wunderbarer süßer Duft
durchströmt die laue Frühlingsluft.
Er kommt von einer Blume her.
Sie zu finden ist nicht schwer:
am Grunde eine Blattrosette,
darüber dunkelviolette
Blüten, unschwer zu entdecken
an Wiesenhängen, unter Hecken.
Such die Blume nur ein Weilchen!
Du hast sie schon? – Es ist das Veilchen!

Buschwindröschen (Anemone)

Anemonen

Endlich ist der Winter fern.
Im Walde blühen – Stern an Stern –
mit ihren weißen Blütenkronen
in großer Zahl die Anemonen.

Knabenkraut

Vergangen ist die Winterzeit,
der Frühling ist im Land:
die schönsten Blumen weit und breit
in Wiesen und am Ackerrand.
Ich möcht' dem Schöpfer singen
für all die Blütenpracht,
möcht' ihm mein Lob darbringen
für das, was er so schön gemacht.

Gänseblümchen

Gänseblümchen

In Stadt und Land bin ich bekannt:
werd' Gänseblümchen meist genannt.
Nun sag, wo kommt der Name her?
Dies zu erraten ist nicht schwer;
denn leider haben – ob nah, ob fern –
die Gänse mich zum Fressen gern.
Ich blüh' auf dem Rasen, auf Wiesen und
Weiden.
Die Menschen, die können mich alle gut
leiden.
Mein Hut ist gelb, mit weißem Rand.
Ich werde auch Tausendschön genannt.

Kleines Immergrün

Kleines Immergrün

Im Winter, wenn die Bäume kahl,
die Buchen, Eichen und die Linden,
kann man im Walde überall
deine grünen Triebe finden;
denn selbst bei kaltem Winterwetter
behältst du deine grünen Blätter.
Du kriechst am Boden durch den Wald,
wächst ständig, ohne Aufenthalt,
bereitest unter Busch und Hecke
eine immergrüne Decke.
Bei mildem Wetter – schon im März –
reckst du die Blüten himmelwärts.
Wir freuen uns, wenn sie erblühn,
zartes Kleines Immergrün.

Schlüsselblume

Schlüsselblume werd' ich genannt,
und das hat seinen Grund,
denn – wie du siehst – mein Blütenstand
ähnelt einem Schlüsselbund.
Meine Blüten – gelblichgolden –
bilden leicht geneigte Dolden.
Sie gleichen kleinen Glocken,
deren Duft die Bienen locken.
Ich stehe am Waldrand und auf Wiesen
und soll euch von dem Frühling grüßen.

Birke

Birken im Frühling

Die Birken sich im Winde wiegen,
geschmeidig sich die Zweige biegen.
Der Sonne Kraft beginnt zu wirken,
weckt neues Leben in den Birken.
Sie schmücken sich mit zartem Grün,
wenn erste Blumen schon verblühn.

Tulpe

Blumen im Garten

Wenn ich in meinen Garten gehe
und all die schönen Blumen sehe,
- Narzissen, Tulpen, Hyazinthen
und viele mehr sind dort zu finden –
dann freue ich mich stets aufs Neue
und danke Gott für seine Treue,
mit der er sorgend für uns waltet,
so prächtig die Natur gestaltet.

Traubenkirsche

Maienzeit

Der Mai – des Jahres schönste Zeit!
Gärten und Felder,
Wiesen und Wälder
tragen jetzt ihr bestes Kleid.
Alles grünt und blüht,
erfreut mir mein Gemüt.
An Baum und Strauch die Knospen
springen.
Die Vögel froh ihr Loblied singen
dem lieben Schöpfer, unserm Herrn.
Ich lausche immer wieder gern
und möchte ihm auch dankbar sein,
drum stimme ich mit Freuden ein.

Maiglöckchen

Mai

Der Wald grüßt uns im Frühlingskleide
aus zartem, lichtdurchwirktem Grün.
In seinem Schatten – uns zur Freude –
die kleinen Maienglöckchen blühn.
Ihr köstlich süßer Blütenduft
schwebt in der kühlen Waldesluft.

Apfelbaum

Der Apfelbaum

Der Apfelbaum in meinem Garten,
er wollte nicht mehr länger warten:
Nach einer lauen Maiennacht
steht er in voller Blütenpracht.
Er blüht so üppig – der alte Baum –
wie eingehüllt in lauter Schaum.

Rosskastanie

Kastanie am Waldessaum,
bist ein wunderschöner Baum,
wenn im dichten Blättergrün
deine Blütenkerzen blühn.
Die Kinder freuen sich vor allem,
wenn deine braunen Früchte fallen.

Löwenzahn

Maienzeit, Wonnezeit!
Die Natur im schönsten Kleid.
Frühling fordert auf zum Blühn,
schmückt die Flur mit frischem Grün.
Jetzt hat auch der Löwenzahn
seine Knospen aufgetan.
Auf den Wiesen überall
gedeiht er nun in großer Zahl,
leuchtet prächtig ringsumher
in einem goldnen Blütenmeer.

Pusteblume (Löwenzahn)

Pusteblumen

Wo vorher gelbe Blüten waren,
gedeihen – Kugelleuchten gleich –
mit feinen silberweißen Haaren,
an Samenkörnern überreich
die Fruchtstände des Löwenzahn.

Die Kinder pflücken sie sehr gerne,
pusten weg die Samenkerne,
die – mit Fallschirmchen versehen –
auf die lange Reise gehen,
schwebend ziehen ihre Bahn.

Rose

Rosen blühen

Von dunklem Blättergrün umwoben,
durch leuchtende Farben hervorgehoben
blühen Rosen an dornigem Strauch.
Gestern noch in grüner Hülle,
heute in schönster Blütenfülle,
Duft versprühend im sanften Hauch.

Klatschmohn

Der Klatschmohn blüht

Der Sommersonne heißer Strahl
sengt Felder, Wiesen, Berg und Tal.
Aus Ährenfeldern längst verbannt
blüht jetzt an Weg- und Ackerrand
bei sommerlicher Tagesglut
der Klatschmohn, leuchtend rot wie Blut.

Kornrade

Kornrade – einst im Kornfeld zu Haus,
leider als Unkraut verschrieen,
trieb man dich aus den Äckern hinaus,
sieht dich nur selten noch blühen.
Weil deine Gifte das Mehl verderben,
wirst du verfolgt, drohst auszusterben.

Roter Fingerhut

Dort, wo der dunkle Wald sich lichtet,
steht in des Sonnenlichtes Flut
hoch zwischen Gräsern aufgerichtet
der purpurrote Fingerhut.
Langer Stängel, leicht geneigt,
nur hin und wieder mal verzweigt.
Dicht besetzt mit Glockenblüten,
die den Bienen Nektar bieten.
Pflück sie nicht, lass Vorsicht walten,
weil diese Pflanzen Gift enthalten.

Seerose

Seerose

Bis an des Weihers Oberfläche
steigst du aus Dunkelheit empor.
Du meidest Flüsse und auch Bäche,
ziehst stehende Gewässer vor.

Deiner Blüten Prachtgewand
hast du der Sonne zugewandt.
Fliegen, Käfer und Libellen
gerne sich zu dir gesellen.

Nachmittags um Viere schon
schließt du deine Blütenkron',
hältst sie bis zum nächsten Morgen
unter Wasser stets verborgen.

Wenn die Natur vom Schlaf erwacht,
strahlst du erneut in voller Pracht,
wendest dich wieder zur Sonne hin,
schöne Wasserkönigin.

Ackerwinde

Die Ackerwinde

Wenn das Korn im Felde reift,
blüht wunderschön – wie ich es finde –
mit weißen Blüten, rotgestreift,
überall die Ackerwinde,
wächst aus tiefer Erde hervor,
rankt an Halmen zum Lichte empor.

Wegwarte

Wegwarte

In der späten Sommerphase
steht am Wegesrand im Grase
eine Blume wunderschön.
Aufwirbelnder Straßenstaub
setzt sich auf ihr blasses Laub.
Zungenblüten – blaue, zarte –
zieren sie, die Wegewarte.
's freut mich immer, sie zu sehn.

Heidekraut

Zu Ende geht die Sommerzeit.
Die Heide trägt ihr schönstes Kleid.
Überall, wohin man schaut,
blüht rosarot das Heidekraut.

Sonnenblume

Über brauner Ackerkrume
erhebt sich stolz die Sonnenblume.
Von morgens früh bis abends spät
die Blüten sie zur Sonne dreht,
verfolgt beständig deren Lauf,
nimmt Licht und Wärme in sich auf.
So, wie die Blüte sich entfaltet,
scheint sie der Sonne nachgestaltet.

Aster

Astern

Wenn die Sommertage fliehen,
wenn die Schwalben südwärts ziehen,
wenn Rosen, Fingerhüte, Nelken
und viele andre Blumen welken,
wenn erste kühle Winde wehen,
die Astern voll in Blüte stehen,
stellen ihre Pracht zur Schau
in Gelb, in Lila, Rot und Blau.

Herbstzeitlose

Der Sommer ist vorüber,
der kühle Herbst beginnt,
die Tage werden trüber,
es weht ein frischer Wind.
Im Garten blühen letzte Rosen.
Jetzt ist die Zeit der Herbstzeitlosen.

Christrose

Christrose

In der rauen Winterzeit,
wenn Felder, Wiesen sind verschneit,
wenn die Natur im Frost erstarrt
und alles auf den Frühling harrt,
dann treibst du voller Lebenskraft
in deine Blätter Lebenssaft,
reckst deine Blüten in die Höh',
trotzt kalten Winden, Eis und Schnee,
blühst zum Geburtstag des heiligen Christ,
der unsere Lebenshoffnung ist.

Herstellung und Verlag: Books on Demand GmbH, Norderstedt 2007
Alle Rechte liegen beim Autor
ISBN: 9783837002645